ATLETISMO

POR ASHLEY GISH

CREATIVE EDUCATION · CREATIVE PAPERBACKS

Publicado por Creative Education
y Creative Paperbacks
P.O. Box 227, Mankato, Minnesota 56002
Creative Education y Creative Paperbacks
son marcas editoriales de The Creative Company
www.thecreativecompany.us

Diseño de The Design Lab
Producción de Alison Derry
Dirección de arte de Tom Morgan
Editado de Alissa Thielges
Traducción de TRAVOD, www.travod.com

Fotografías de Alamy (INTERFOTO, PA Images), Getty Images (Antonin
Thuillier, Icon Sportswire, Ina Fassbender, Michael Steele, Paul Bradbury,
picture alliance, Popperfoto, Tim Clayton – Corbis), Shutterstock (Bojanovic,
Jo Galvao)

Library of Congress Cataloging-in-Publication Data
Names: Gish, Ashley, author.
Title: Atletismo / Ashley Gish.
Description: [Mankato, Minnesota] : [Creative Education and Creative
    Paperbacks], [2024] | Series: Los increíbles Juegos Olímpicos de
    verano | Includes index. | Audience: Ages 6–9 years | Audience: Grades
    2–3 | Summary: "Celebrate the Summer Olympic Games with this
    elementary-level introduction to the sport of athletics and its many track
    and field events. Includes biographical facts about middle-distance runner
    and gold medalist Faith Kipyegon. Translated in North American Spanish"
    —Provided by publisher.
Identifiers: LCCN 2023015550 (print) | LCCN 2023015551 (ebook) |
    ISBN 9781640269279 (library binding) | ISBN 9781682774779
    (paperback) | ISBN 9781640269910 (pdf)
Subjects: LCSH: Athletics—Juvenile literature. | Track and field—Juvenile
    literature. | Running races—Juvenile literature. | Summer
    Olympics—Juvenile literature. | Kipyegon, Faith—Juvenile literature.
Classification: LCC GV701 .G5718 2024 (print) | LCC GV701 (ebook) |
    DC 796—dc23/eng/20230407

Impreso en China

Tabla de contenidos

Los Juegos Olímpicos de Verano empezaron en 1896. Los eventos de atletismo se incluyeron ese primer año. Desde entonces, han formado parte de los Juegos Olímpicos. Estos eventos emocionantes también se conocen como deportes de pista y campo.

En los primeros Juegos Olímpicos que se llevaron a cabo en Atenas, Grecia, solo compitieron hombres.

Las carreras olímpicas con obstáculos incluyen vallas seguidas de fosos llenos de agua.

Los hombres y las mujeres tienen sus propios eventos. Las carreras se llevan a cabo en una pista o ruta. Los atletas de pista son veloces. Algunos saltan **vallas**. Para los deportes de campo se necesita fuerza. Los atletas de campo lanzan un disco pesado o una lanza larga.

vallas un marco vertical que el corredor debe saltar

El italiano Marcell Jacobs celebra después de ganar la carrera de 100 metros.

Los eventos de pista pueden ser cortas o largas. Marcell Jacobs ganó la carrera de cien metros masculina en Tokio 2020, ¡en tan solo 9,8 segundos! Pero la carrera de 10.000 metros toma mucho más tiempo. Los mejores atletas la terminan en menos de 30 minutos.

La carrera de 1.500 metros es de casi 1 milla (1,6 km) de largo y 3,75 vueltas alrededor de la pista olímpica.

Las carreras de relevos tienen equipos de cuatro personas. Entre compañeros de equipo, un miembro le pasa un testigo al siguiente. El cuarto miembro del equipo termina la carrera. Para las vallas, los corredores usan una mezcla de velocidad y potencia. Deben saltar los marcos sin tirarlos.

Pasar el testigo con rapidez es importante para ganar la carrera de relevos.

Los competidores no deben tocar la barra cuando saltan por encima de ella.

En el evento de salto de altura, los atletas corren rápidamente y saltan por encima de una barra. La barra se eleva hasta que nadie pueda saltar sobre ella. Quien salte más alto, gana. En Tokio 2020, dos atletas alcanzaron la mayor altura de 7,78 pies (2,37 metros). Fue un **raro** empate olímpico. Ambos decidieron compartir la medalla de oro.

raro poco común o inusual

En el lanzamiento de jabalina, los atletas arrojan una lanza larga lo más lejos que puedan. Los atletas comienzan corriendo. Luego lanzan la jabalina por encima de su hombro, con una mano. La jabalina sale volando hacia un campo. La punta de acero toca el suelo y marca la distancia del lanzamiento.

Las lanzas de las mujeres miden unos 7 pies (2,1 m) de largo. Las de los hombres, unos 8,5 pies (2,6 m) de largo.

Los lanzadores giran 1,5 veces antes de soltar el disco.

El objeto circular que se lanza en los Juegos Olímpicos se llama disco. Pesa de dos a cuatro libras (1–2 kilogramos). Los atletas giran para crear **impulso**. Luego arrojan el disco. Los atletas tienen ocho intentos para lanzarlo lo más lejos posible.

impulso la potencia o la fuerza que se gana con el movimiento

El maratón es una de las últimos eventos de atletismo de los Juegos Olímpicos de Verano.

El maratón es el evento de carrera más extensa. Los atletas corren 26,2 millas (42,2 kilómetros). Corren por las calles de la ciudad **anfitriona**. Los corredores completan el evento en la pista en aproximadamente dos horas.

anfitrión lugar u organización que proporciona las cosas necesarias para un evento

*Allyson Felix
ha ganado siete
medallas olímpicas
de oro.*

Los atletas que compiten en los eventos de atletismo son increíbles. Los atletas olímpicos dependen de su fuerza, velocidad y sus reflejos. Además, entrenan mucho para saber cuándo moverse, saltar o lanzar. Los mejores se llevan a casa la medalla olímpica de oro.

El equipo estadounidense celebra haber ganado el oro en la carrera de relevos en Tokio 2020.

Competidores destacados: Faith Kipyegon

La atleta keniana Faith Kipyegon empezó a competir cuando era una niña. Cuando tenía 16 años, quedó en cuarto lugar en el Campeonato Mundial de Campo Traviesa. Ella sabía que podía convertirse en campeona. En 2012, corrió en los Juegos Olímpicos de Londres representando a Kenia. No ganó. Pero siguió entrenando. Faith ganó el oro en la carrera de 1.500 metros en los Juegos Olímpicos de 2016. En Tokio 2020, se llevó a casa otra medalla de oro olímpica por la carrera de 1.500 metros.

Índice